| | |
|---|---:|
| škola - мәктәп | 2 |
| putešestvie - сәяхәт | 5 |
| transport - транспорт | 8 |
| gorod - шәһәр | 10 |
| landšaft - ландшафт | 14 |
| restoran - ресторан | 17 |
| supermarket - супермаркет | 20 |
| napitki - эчемлекләр | 22 |
| eda - азык | 23 |
| ferma - ферма | 27 |
| dom - йорт | 31 |
| gostinaâ - кунак бүлмәсе | 33 |
| kuhnâ - аш бүлмәсе | 35 |
| vannaâ komnata - ванна бүлмәсе | 38 |
| detskaâ komnata - балалар бүлмәсе | 42 |
| odežda - кием | 44 |
| ofis - офис | 49 |
| èkonomika - икътисад | 51 |
| professii - профессияләр | 53 |
| instrumenty - кораллар | 56 |
| muzykal'nye instrumenty - музыкаль инструментлар | 57 |
| zoopark - зоопарк | 59 |
| sport - спорт төрләре | 62 |
| dejstviâ - хәрәкәт | 63 |
| sem'â - гаилә | 67 |
| telo - тән | 68 |
| bol'nica - хастаханә | 72 |
| neotložnyj slučaj - кичектергесез хәл | 76 |
| zemlâ - җир | 77 |
| časy - сәгать | 79 |
| nedelâ - атна | 80 |
| god - ел | 81 |
| formy - формалар | 83 |
| cveta - төсләр | 84 |
| protivopoložnosti - капма-каршылыклар | 85 |
| cyfry - саннар | 88 |
| âzyki - телләр | 90 |
| kto / čto / kak - кем / нәрсә / ничек | 91 |
| gde - кайда | 92 |

Impressum
Verlag: BABADADA GmbH, Nedderfeld 112 , 22529 Hamburg
Geschäftsführer / Verlagsleitung: Harald Hof
Druck: Books on Demand GmbH, In de Tarpen 42, 22848 Norderstedt

Imprint
Publisher: BABADADA GmbH, Nedderfeld 112 , 22529 Hamburg, Germany
Managing Director / Publishing direction: Harald Hof
Print: Books on Demand GmbH, In de Tarpen 42, 22848 Norderstedt, Germany

# škola
## мәктәп

- delit' / бүлү
- doska / такта
- klassnaâ komnata / сыйныф бүлмәсе
- škol'nyj dvor / мәктәп ишегалдысы
- učitel' / укытучы
- bumaga / кәгазь
- pisat' / язу
- ručka / ручка
- pis'mennyj stol / язу өстәле
- linejka / линейка
- kniga / китап
- učenik / укучы

ranec
букча

penal
пенал

karandaš
каләм

točilka
каләм очлагыч

lastik
бетергеч

al'bom dlâ risovaniâ
рәсем ясау өчен альбом

| risunok | kistočka | korobka krasok |
| рәсем | кисточка | буяулар тартмасы |

| nožnicy | klej | tetrad' |
| кайчы | җилем | дәфтәр |

| domašnââ rabota | cyfra | pribavlât' |
| өйгә эш | сан | кушу |

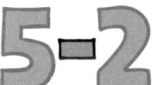  

| vyčitat' | umnožat' | sčitat' |
| алу | тапкырлау | исәпләү |

| bukva | alfavit | slovo |
| хәреф | алфавит | сүз |

škola - мәктәп

tekst

текст

čitatʹ

уку

mel

акбур

urok

дәрес

klassnyj žurnal

сыйныф журналы

èkzamen

имтихан

diplom

диплом

školʹnaâ forma

мәктәп формасы

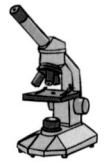

obrazovanie

мәгариф

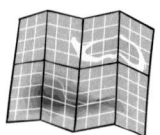

èncyklopediâ

энциклопедия

universitet

университет

mikroskop

микроскоп

karta

карта

korzina dlâ bumag

кәгазь өчен кәрҗин

škola - мәктәп

# putešestvie
## сәяхәт

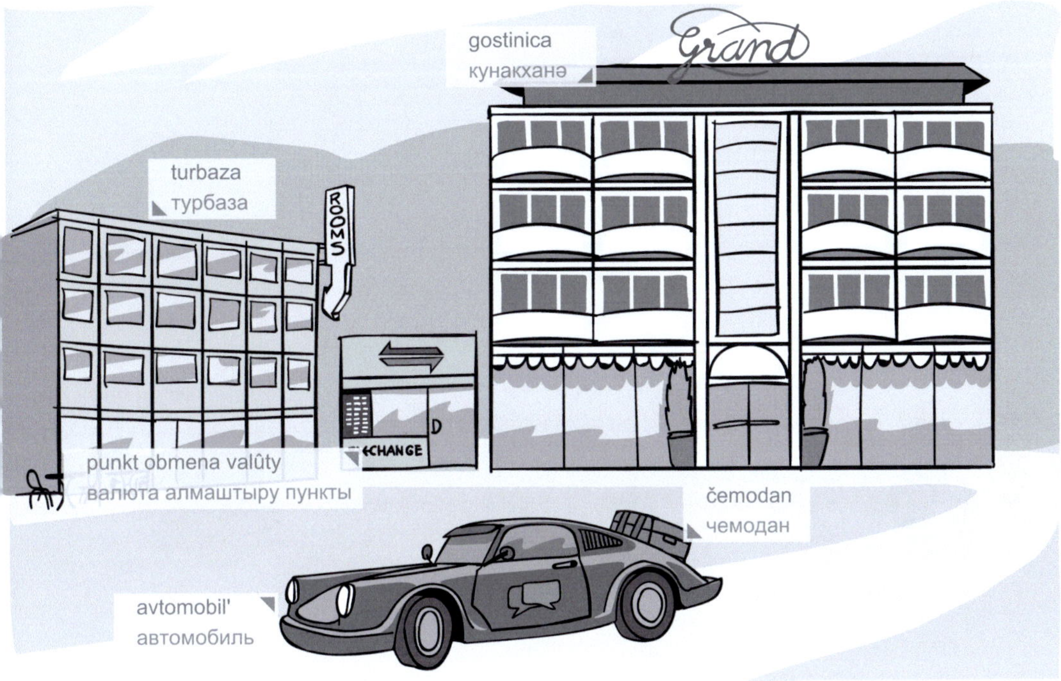

gostinica
кунакханә
Grand
turbaza
турбаза
ROOMS
EXCHANGE
punkt obmena valûty
валюта алмаштыру пункты
čemodan
чемодан
avtomobil'
автомобиль

âzyk

тел

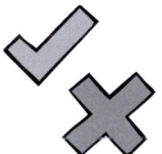

da / net

әйе / юк

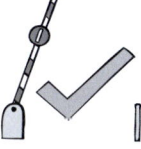

horošo

яхшы

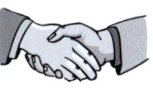

Privet

сәлам

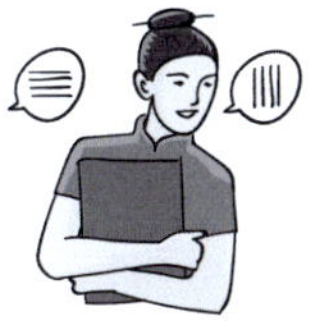

perevodčik

тәрҗемәче

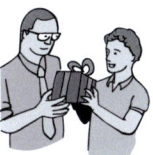

Spasibo

Рәхмәт

Skol'ko stoit…?

Күпме тора...?

Â ne ponimaû

Мин аңламыйм

problema

проблема

Dobryj večer!

Хәерле кич!

Dobroe utro!

Хәерле иртә!

Dobroj noči!

Тыныч йокы!

Do svidaniâ

хушыгыз

napravlenie

юнәлеш

bagaž

багаж

sumka

букча

rûkzak

рюкзак

gost'

кунак

komnata

бүлмә

spal'nyj mešok

йоклар өчен капчык

palatka

палатка

putešestvie - сәяхәт

turističeskaâ informacyâ

туристик мәгълүмат

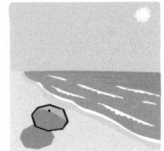

plâž

пляж

kreditnaâ kartočka

кредит картасы

zavtrak

иртәнге аш

obed

төш

užyn

кичке аш

bilet

билет

lift

лифт

počtovaâ marka

почта маркасы

granica

чик

tamožnâ

таможня

posol'stvo

илчелек

viza

виза

pasport

паспорт

putešestvie - сәяхәт

# transport
# транспорт

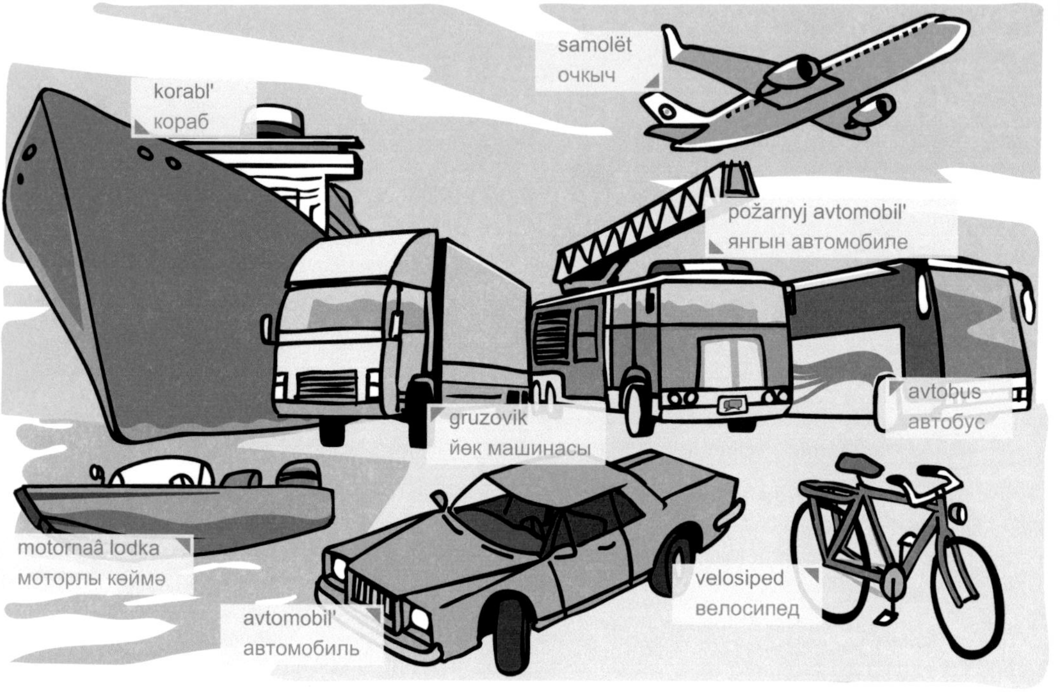

korabl'
кораб

samolët
очкыч

požarnyj avtomobil'
янгын автомобиле

avtobus
автобус

gruzovik
йөк машинасы

motornaâ lodka
моторлы көймә

avtomobil'
автомобиль

velosiped
велосипед

parom

паром

lodka

көймә

motocykl

мотоцикл

policejskij avtomobil'

полиция автомобиле

gonočnyj avtomobil'

узыш автомобиле

arendovannyj avtomobil'

вакытлыча алып торган автомобиль

sovmestnoe pol'zovanie avtomobilâmi

Автомобильләр белән уртак файдалану

buksirovočnyj avtomobil'

буксирлау автомобиле

musorovoz

чүп ташучы

dvigatel'

двигатель

toplivo

ягулык

zapravka

заправка

dorožnyj znak

юл билгесе

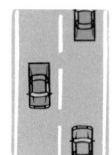

dviženie

хәрәкәт

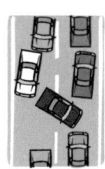

probka

бөке

avtostoânka

автомобиль тукталышы

vokzal

вокзал

rel'sy

рельслар

poezd

поезд

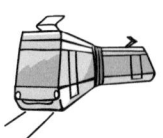

tramvaj

трамвай

vagon

вагон

transport - транспорт

vertolët

вертолет

aèroport

аэропорт

vyška

каланча

passažyr

юлчы

kontejner

контейнер

korobka

тартма

teležka

арба

korzina

кәрзинкә

vzletat' / prizemlât'sâ

очу / җиргә төшү

## gorod
## шәһәр

derevnâ

авыл

centr goroda

шәһәр үзәге

dom

йорт

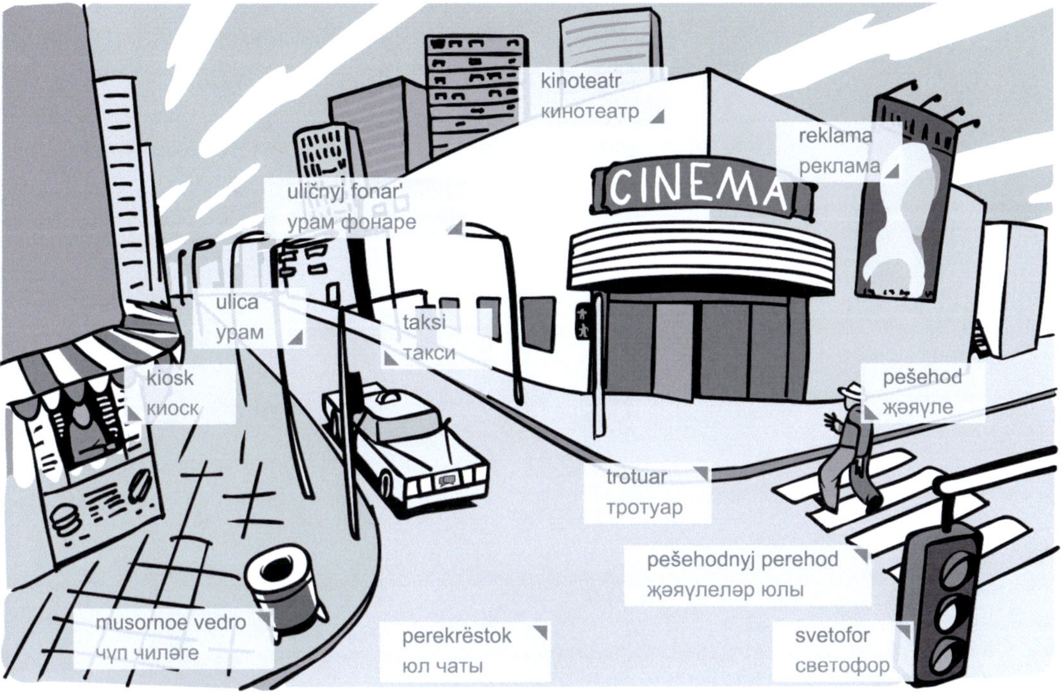

kinoteatr
кинотеатр

reklama
реклама

uličnyj fonar'
урам фонаре

ulica
урам

taksi
такси

kiosk
киоск

pešehod
җәяүле

trotuar
тротуар

pešehodnyj perehod
җәяүлеләр юлы

musornoe vedro
чүп чиләге

perekrëstok
юл чаты

svetofor
светофор

hižyna
алачык

kvartira
фатир

vokzal
вокзал

ratuša
ратуша

muzej
музей

škola
мәктәп

gorod - шәһәр

universitet

университет

bank

банк

bol'nica

хастаханә

gostinica

кунакханә

apteka

даруханә

ofis

офис

knižnyj magazin

китап кибете

magazin

кибет

cvetočnyj magazin

чәчәк кибете

supermarket

супермаркет

rynok

базар

univermag

универмаг

torgovec ryboj

балык кибете

torgovyj centr

сәүдә үзәге

port

порт

gorod - шәһәр

park

парк

skamejka

эскәмия

most

күпер

lestnica

баскыч

metro

метро

tonnel'

тоннель

avtobusnaâ ostanovka

автобус тукталышы

bar

бар

restoran

ресторан

počtovyj âŝik

почта тартмасы

tablička s nazvaniem ulicy

урам исеме язылган такта

parkometr

паркометр

zoopark

зоопарк

bassejn

бассейн

mečet'

мәчет

gorod - шәһәр

ferma
ферма

zagrâznenie okružaûŝej sredy
әйләнә-тирә мохитне пычрату

kladbiŝe
зират

cerkov'
чиркәү

detskaâ ploŝadka
балалар мәйданчыгы

hram
гыйбадәтханә

# landšaft
# ландшафт

list — бит
dorožnyj ukazatel' — юл күрсәткече
doroga — юл
lug — болын
kamen' — таш
derevo — агач
putešestvennik — сәяхәтче
reka — елга
trava — үлән
cvetok — чәчәк

dolina
үзән

gora
тау

ozero
күл

les
урман

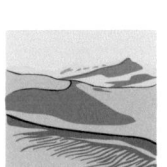
pustynâ
чүл

vulkan
вулкан

zamok
йозак

raduga
салават күпере

grib
гөмбә

pal'ma
пальма

komar
черки

muha
чебен

muravej
кырмыска

pčela
корт

pauk
үрмәкүч

landšaft - ландшафт

žuk

коңгыз

lâguška

бака

belka

тиен

ež

керпе

zaâc

куян

sova

ябалак

ptica

кош

lebed'

аккош

kaban

кабан дуңгызы

olen'

болан

los'

поши

plotina

буа

vetrânoj generator

җил генераторы

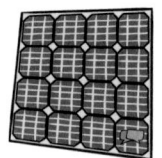

solnečnaâ batareâ

кояш батареясы

klimat

климат

landšaft - ландшафт

# restoran
# ресторан

oficyant / официант
menû / меню
stul / утыргыч
sup / аш
picca / пицца
stolovye pribory / ашханә приборлары
skatert' / ашъяулык

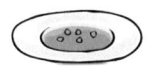

zakuska
кабымлык

glavnoe blûdo
төп ашамлык

desert
десерт

napitki
эчемлекләр

eda
азык

butylka
шешә

restoran - ресторан

fastfud
фастфуд

uličnaâ eda
урам ризыгы

čajnik
чәйнек

saharnica
шикәр савыты

porcyâ
күләм

kofevarka
кофе кайнаткыч

detskij stul'čik
балалар урындыгы

sčet
исәпләү

podnos
поднос

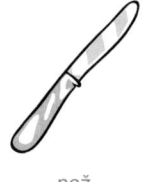
nož
пычак

vilka
чәнечке

ložka
кашык

čajnaâ ložka
чәй кашыгы

salfetka
салфетка

stakan
стакан

restoran - ресторан

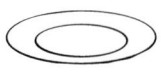

tarelka

тәлинкә

supovaâ tarelka

аш тәлинкәсе

blûdce

чәй тәлинкәсе

sous

соус

solonka

тоз савыты

mel'nica dlâ perca

борыч ваклагыч

uksus

серкә

maslo

сыек май

specyi

тәмләткеч

kctčup

кетчуп

gorčica

горчица

majoncz

майонез

restoran - ресторан

# supermarket
## супермаркет

specyal'noe predloženie
махсус тәкъдим

pokupatel'
сатып алучы

moločnye produkty
сөт продуктлары

frukty
җимешләр

teležka dlâ pokupok
кибеттәге арба

mâsnoj magazin
ит кибете

pekarnâ
икмәк пешерү йорты

vzvešyvať
килү

ovoŝi
яшелчә

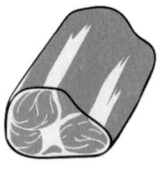

mâso
ит

bystrozamorožennye produkty
туңдырылган продуктлар

supermarket - супермаркет

narezka

кисәкле ит

konservy

консервалар

stiral'nyj porošok

кер юу порошогы

sladosti

тәм-томнар

predmet domašnego obihoda

көнкүреш җиһазлары

moûŝee sredstvo

юу әйбере

prodavŝica

хатын-кыз сатучы

kassa

касса

kassir

кассир

spisok pokupok

сатып алган әйберләрнең исемлеге

vremâ raboty

эш вакыты

bumažnik

бумажник

kreditnaâ kartočka

кредит картасы

sumka

букча

poliètilenovyj paket

полиэтилен пакет

supermarket - супермаркет

# napitki
## эчемлекләр

voda

су

sok

сок

moloko

сөт

koka-kola

кока-кола

vino

шәраб

pivo

сыра

alkogol'

хәмер

kakao

какао

čaj

чәй

kofe

кофе

èspresso

эспрессо

kapučino

капучино

# eda
# азык

banan

банан

âbloko

алма

apel'sin

әфлисун

arbuz

карбыз

limon

лимон

morkov'

кишер

česnok

сарымсак

bambuk

бамбук

luk

суган

grib

гөмбә

orehi

чикләвекләр

lapša

токмач

| spagetti | ris | salat |
|---|---|---|
| спагетти | дөге | салат |

| kartofel' fri | žarenyj kartofel' | picca |
|---|---|---|
| чипсы | кыздырылган бәрәңге | пицца |

| gamburger | sèndvič | šnicel' |
|---|---|---|
| гамбургер | сэндвич | котлет |

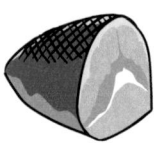

| vetčina | salâmi | kolbasa |
|---|---|---|
| ветчина | салями | сосиска |

| kurica | žarkoe | ryba |
|---|---|---|
| тавык | кыздырма | балык |

eda - азык

ovsânye hlop'â

солы кисәкләре

mûsli

мюсли

kukuruznye hlop'â

кукуруз кисәкләре

muka

он

kruassan

круассан

buločka

булка

hleb

икмәк

tost

тост

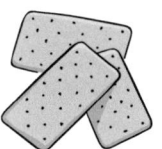

pečen'e

печенье

maslo

май

tvorog

эремчек

pirog

пирог

âjco

йомырка

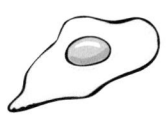

âičnica

йомырка тәбәсе

syr

сыр

moroženoe

туңдырма

sahar

шикәр

mëd

бал

marmelad

кайнатма

krem s nugoj

шоколадлы паста

karri

карри

# ferma
# ферма

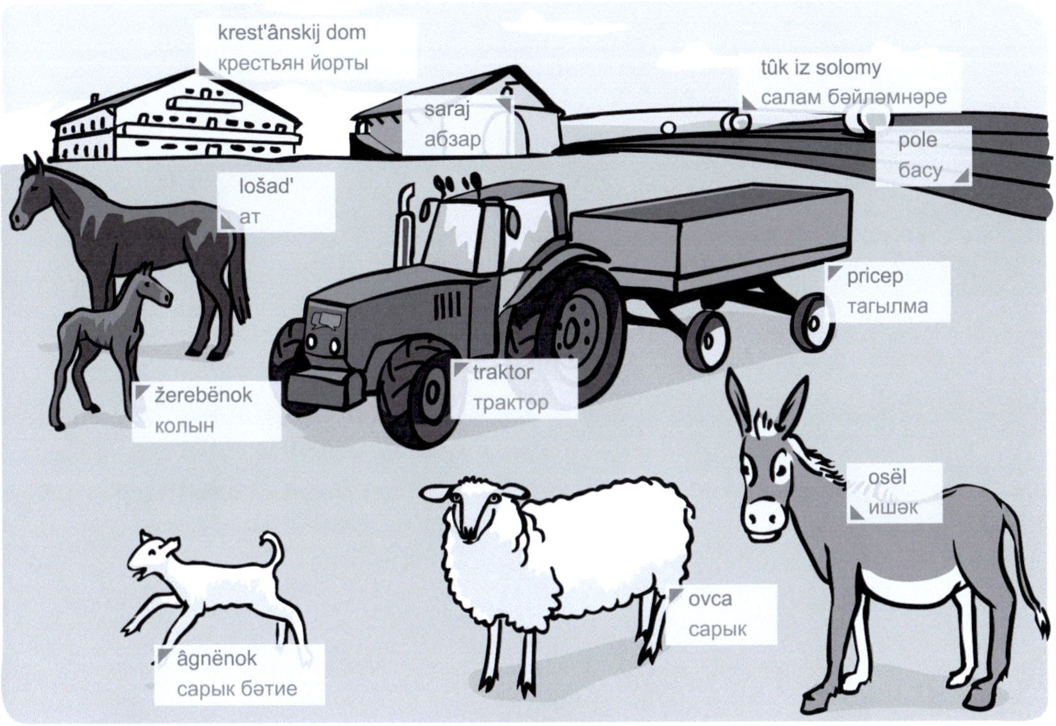

koza
кәҗә

korova
сыер

telënok
бозау

svin'â
дуңгыз

porosënok
дуңгыз баласы

byk
үгез

gus'
каз

utka
үрдәк

cyplënok
чеби

kurica
тавык

petuh
әтәч

krysa
күсе

koška
песи

myš'
тычкан

vol
эш үгезе

sobaka
эт

konura
эт оясы

sadovyj šlang
бакча шлангысы

lejka
сусипкеч

kosa
чалгы

plug
сабан

ferma - ферма

serp

урак

motyga

китмән

navoznye vily

тирес сәнәге

topor

балта

tačka

кул арбасы

koryto

тагарак

bidon dlâ moloka

сөт өчен бидон

mešok

капчык

zabor

койма

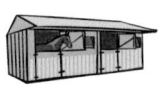

hlev

абзар

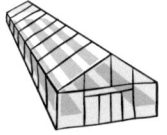

teplica

теплица

počva

туфрак

posev

чәчү

udobrenie

ашлама

kombajn

комбайн

ferma - ферма

sobirat' urožaj

уңыш җыю

urožaj

уңыш

âms

ямса

pšenica

бодай

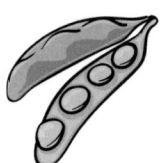

soâ

соя

kartofel'

бәрәңге

kukuruza

кукуруз

raps

рапс

fruktovoe derevo

җимеш агачы

maniok

маниок

zlaki

иген

ferma - ферма

# dom
# йорт

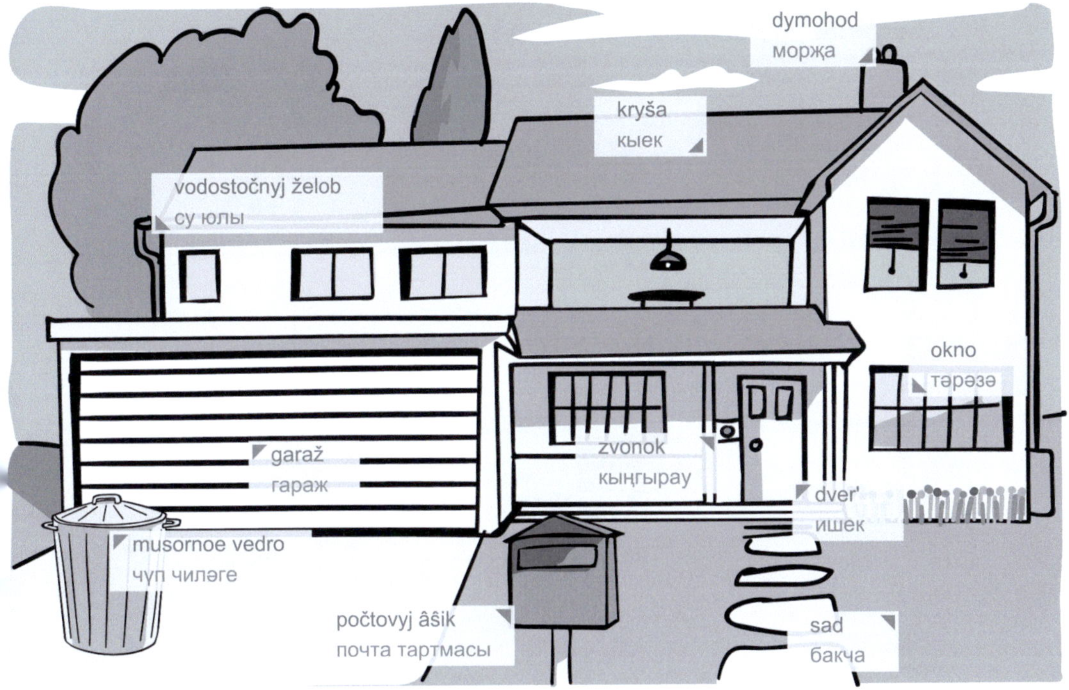

dymohod / морҗа
kryša / кыек
vodostočnyj želob / су юлы
okno / тәрәзә
garaž / гараж
zvonok / кыңгырау
dver' / ишек
musornoe vedro / чүп чиләге
počtovyj âŝik / почта тартмасы
sad / бакча

gostinaâ

кунак бүлмәсе

vannaâ komnata

ванна бүлмәсе

kuhnâ

аш бүлмәсе

spal'nâ

йокы бүлмәсе

detskaâ komnata

балалар бүлмәсе

stolovaâ

ашханә

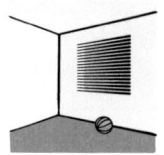
pol
идән

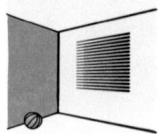
stena
дивар

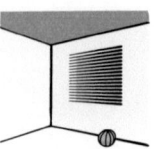
potolok
түшәм

podval
баз

sauna
сауна

balkon
балкон

terrasa
терраса

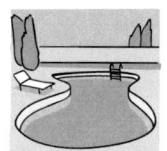
bassejn
бассейн

gazonokosilka
газон чапкыч

pododeâl'nik
юрган аслыгы

pokryvalo
япма

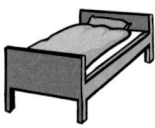
krovat'
кәрәват

metla
себерке

vedro
чиләк

vyklûčatel'
сүндергеч

dom - йорт

# gostinaâ
## кунак бүлмәсе

- oboi / обойлар
- risunok / рәсем
- lampa / лампа
- polka / киштә
- škaf / шкаф
- kamin / камин
- televizor / телевизор
- cvetok / чәчәк
- poduška / мендәр
- divan / диван
- vaza / ваза
- pul't distancyonnogo upravleniâ / дистанцион идарә иту пульты

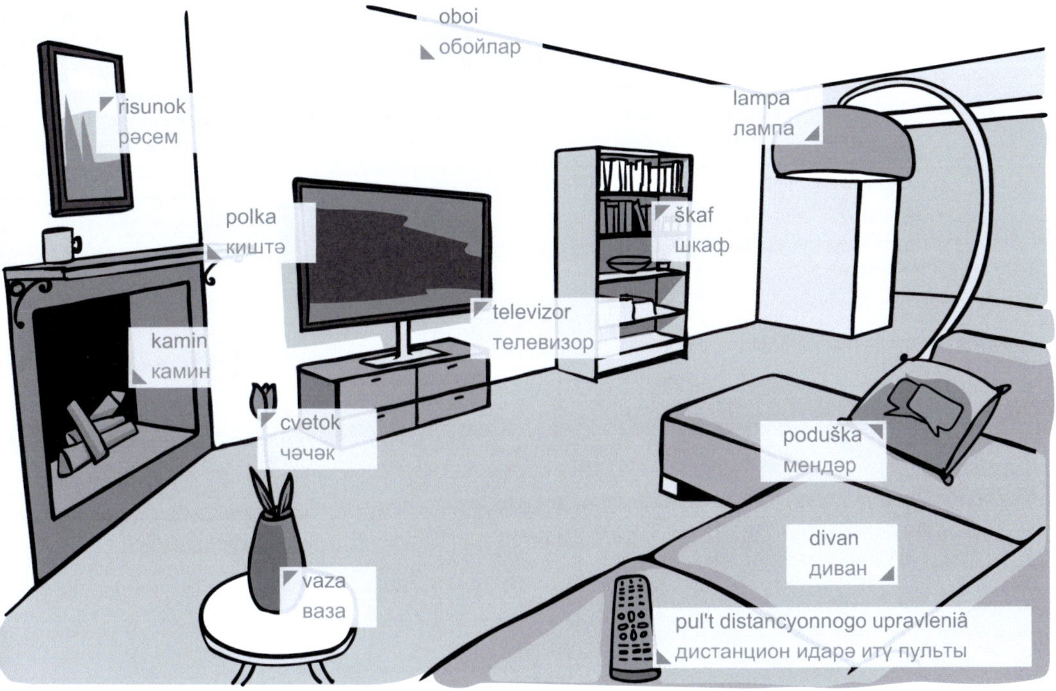

| kovër / келәм | štora / пәрдә | stol / өстәл |
| --- | --- | --- |
| stul / утыргыч | kreslo-kačalka / тибрәткеч кәнәфи | kreslo / кәнәфи |

gostinaâ - кунак бүлмәсе

kniga
китап

pokryvalo
япма

ukrašenie
бизәк

drova
утын

fil'm
фильм

stereosistema
стереосистема

klûč
ачкыч

gazeta
газета

kartina
картина

plakat
плакат

radio
радио

bloknot
блокнот

pylesos
тузан суыргыч

kaktus
кактус

sveča
шәм

gostinaâ - кунак бүлмәсе

# kuhnâ
## аш бүлмәсе

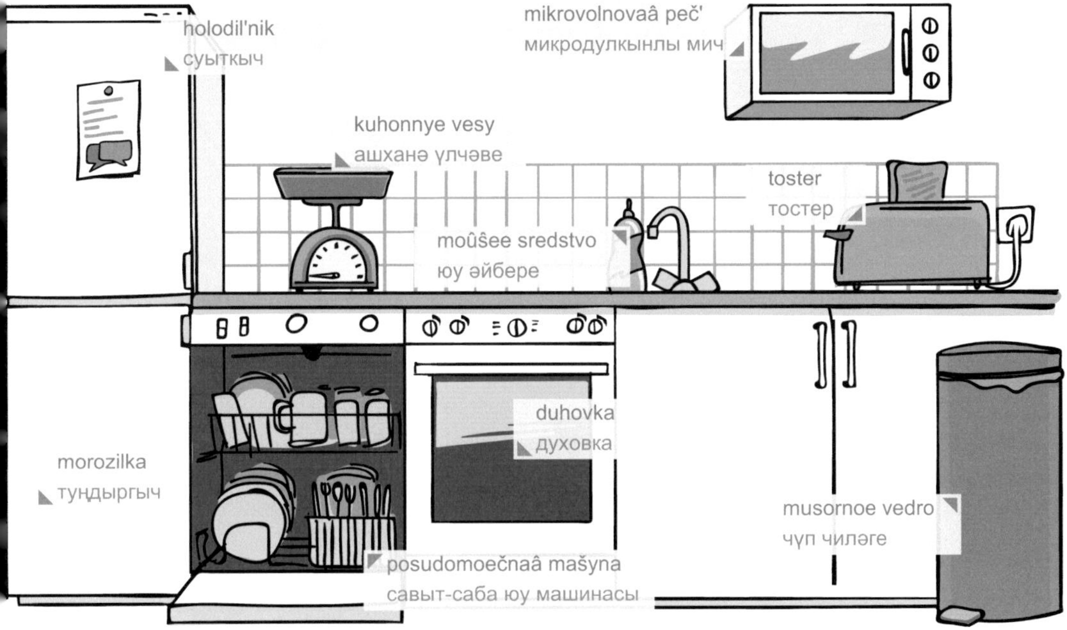

holodil'nik
суыткыч

mikrovolnovaâ peč'
микродулкынлы мич

kuhonnye vesy
ашханә үлчәве

toster
тостер

moûšee sredstvo
юу әйбере

duhovka
духовка

morozilka
туңдыргыч

musornoe vedro
чүп чиләге

posudomoečnaâ mašyna
савыт-саба юу машинасы

plita
плитә

kastrûlâ
кәстрүл

čugunnyj kotelok
чуен казан

vok / kadaj
вок / казан

skovoroda
таба

čajnik
чәйнек

parovarka

парда пешергеч

protiven'

калай таба

posuda

савыт-саба

kružka

кружка

miska

җамаяк

paločki dlâ edy

таякчык

polovnik

аш чүмече

lopatka

лопатка

sbivalka

туглауыч

sito

иләк

sito

иләк

tërka

кыргыч

stupka

төйгеч

gril'

гриль

kostër

учак

kuhnâ - аш бүлмәсе

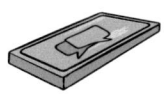
doska
такта

skalka
уклау

štopor
бөке суыргыч

žestânaâ banka
калай банк

konservnyj nož
консерв ачу өчен пычак

prihvatka
элэктергеч

rakovina
раковина

ŝetka
щётка

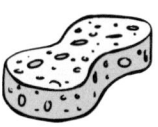
gubka
губка

mikser
миксер

morozil'naâ kamera
туңдыру камерасы

butyločka dlâ kormlcniâ
ашату өчен шешә

kran
кран

kuhnâ - аш бүлмәсе

# vannaâ komnata
## ванна бүлмәсе

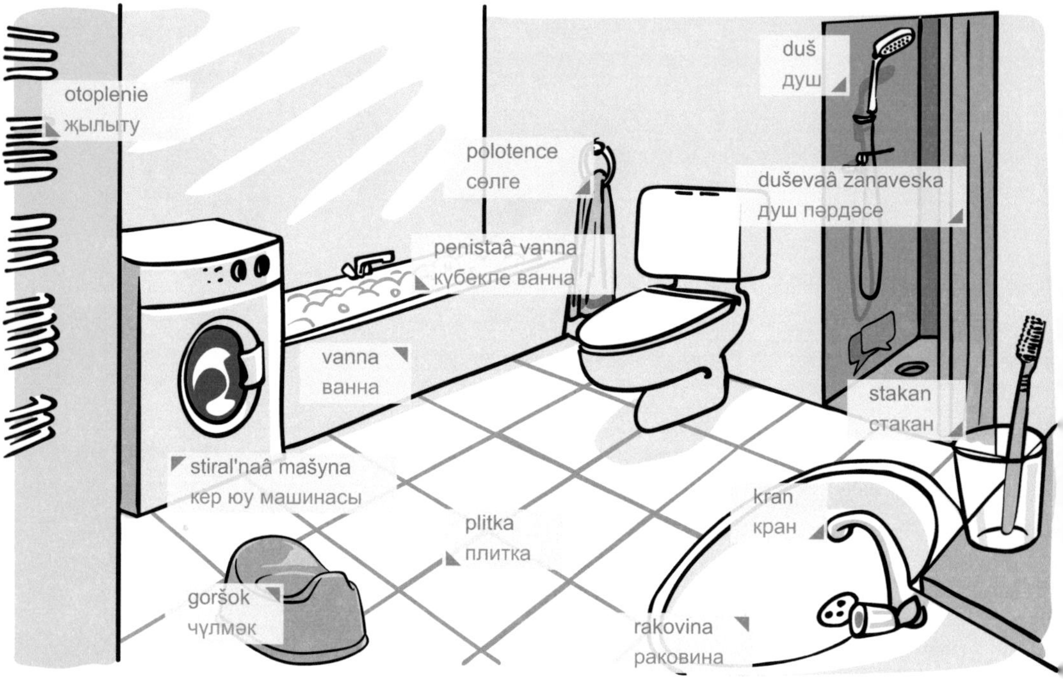

- otoplenie / җылыту
- duš / душ
- polotence / сөлге
- duševaâ zanaveska / душ пәрдәсе
- penistaâ vanna / күбекле ванна
- vanna / ванна
- stiral'naâ mašyna / кер юу машинасы
- stakan / стакан
- plitka / плитка
- kran / кран
- goršok / чүлмәк
- rakovina / раковина

| tualet | napol'nyj unitaz | bide |
| --- | --- | --- |
| бәдрәф | унитаз | биде |

| pissuar | tualetnaâ bumaga | eršyk |
| --- | --- | --- |
| писсуар | бәдрәф кәгазе | керпе кебек чистарткыч |

vannaâ komnata - ванна бүлмәсе

zubnaâ šetka

теш щеткасы

zubnaâ pasta

теш пастасы

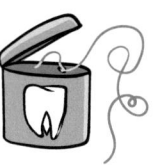

zubnaâ nit'

теш җебе

myt'

юу

ručnoj duš

кул душы

intimnyj duš

душ

taz

оча сөяге

šetka dlâ spiny

аврка өчен щетка

mylo

сабын

gel' dlâ duša

душ өчен гель

šampun'

шампунь

močalka

мунчала

stok

агым

krem

крем

dezodorant

дезодорант

vannaâ komnata - ванна бүлмәсе

zerkalo

көзге

ručnoe zerkalo

кул көзгесе

britva

пәке

pena dlâ brit'â

кырыну өчен күбек

los'on posle brit'â

Кырынаганнан соң
кулланыла торган лосьон

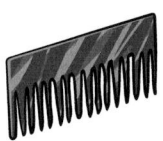

rasčeska

тарак

šetka

щётка

fen

фен

lak dlâ volos

чәчләр лагы

kosmetika

косметика

gubnaâ pomada

ирен буявы

lak dlâ nogtej

тырнаклар лагы

vata

мамык

manikûrnye nožnicy

маникюр кайчысы

duhi

хушбуй

vannaâ komnata  -  ванна бүлмәсе

kosmetička
косметика савыты

taburetka
урындык

vesy
үлчәү

halat
халат

rezinovye perčatki
резин перчаткалар

tampon
тампон

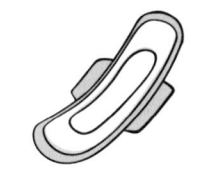
gigieničeskaâ prokladka
гигиена җәймәсе

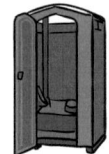
biotualet
биотуалет

# detskaâ komnata
# балалар бүлмәсе

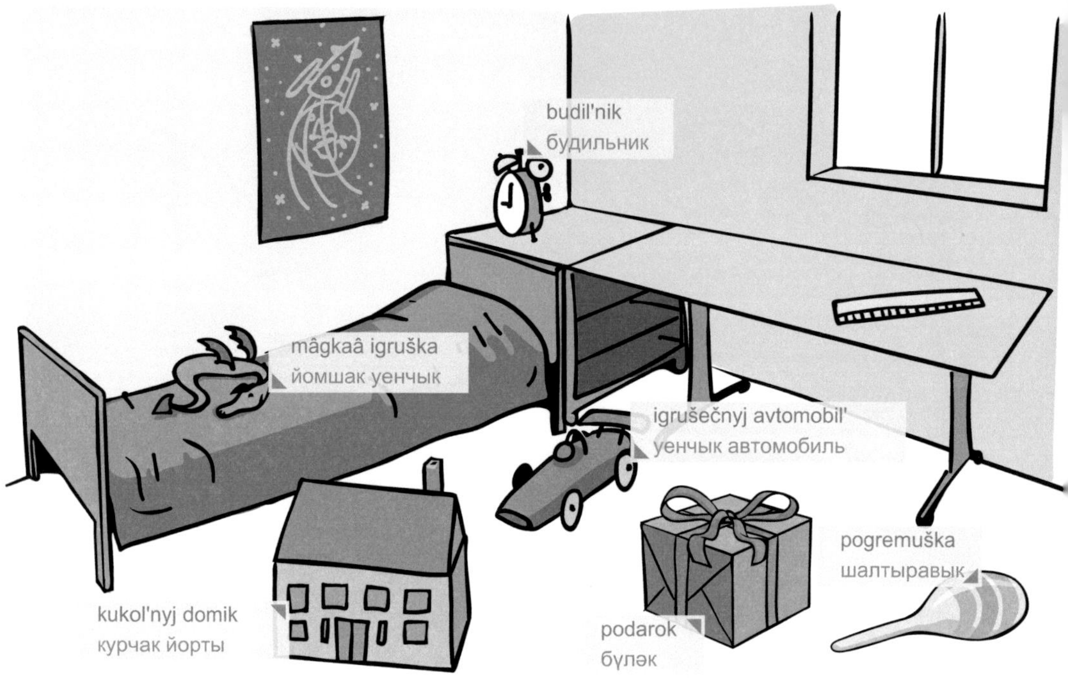

budil'nik
будильник

mâgkaâ igruška
йомшак уенчык

igrušečnyj avtomobil'
уенчык автомобиль

pogremuška
шалтыравык

kukol'nyj domik
курчак йорты

podarok
бүләк

vozdušnyj šar

һава шары

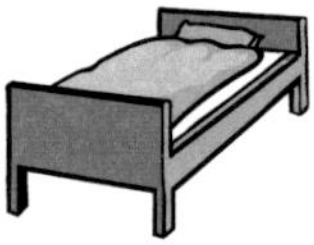

krovat'

каруат

detskaâ kolâska

балалар коляскасы

kartočnaâ igra

кәрт уены

pazl

пазл

komiks

комикс

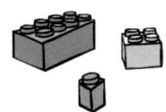

kirpičiki Lego

Лего кирпечекләре

kubiki

шакмак

igrušečnaâ figurka

уенчык

polzunki

ползунки

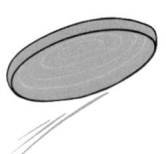

frisbi

фрисби

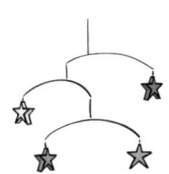

mobile

мобиль

nastol'naâ igra

өстәл уены

kubik

шакмак

model' železnoj dorogi

тимер юл моделе

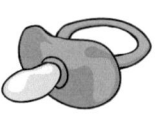

soska

имезлек

večerinka

кичә

kniga s kartinkami

рәсемнәр белән бизәлгән китап

mâč

туп

kukla

курчак

igrat'

уйнау

detskaâ komnata - балалар бүлмәсе

pesočnica

комлык

kačeli

таган

igruška

уенчык

igrovaâ pristavka

уен приставкасы

trëhkolesnyj velosiped

өч көпчәкле велосипед

plûševyj medvežonok

плюш аю

škaf dlâ odeždy

кием-салым шкафы

## odežda
## кием

noski

оекбаш

čulki

оек

kolgotki

колготки

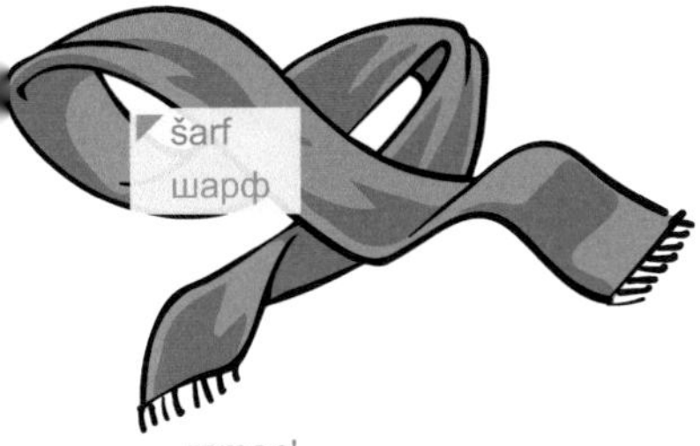

šarf
шарф

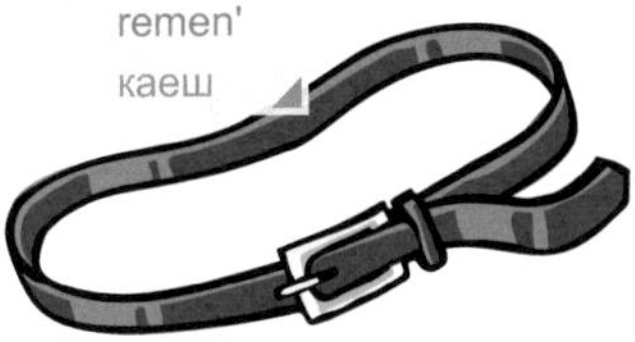

remen'
каеш

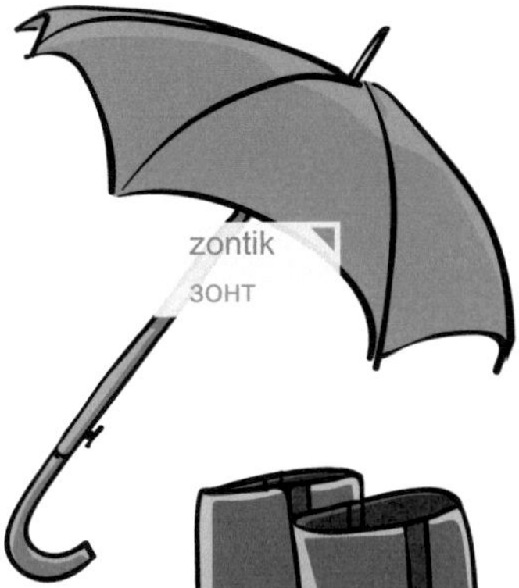

zontik
зонт

futbolka
футболка

krossovki
кроссовки

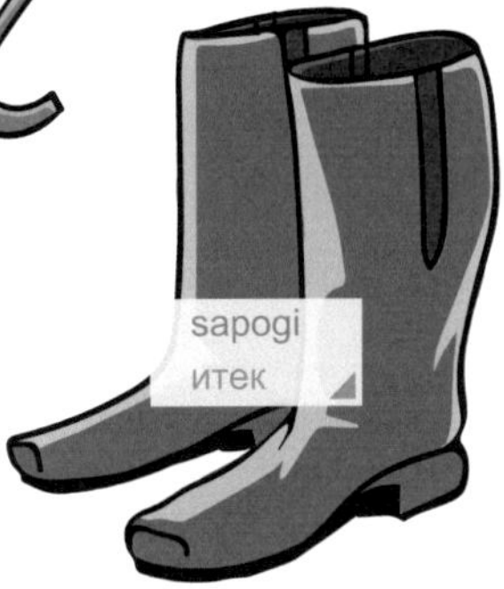

sapogi
итек

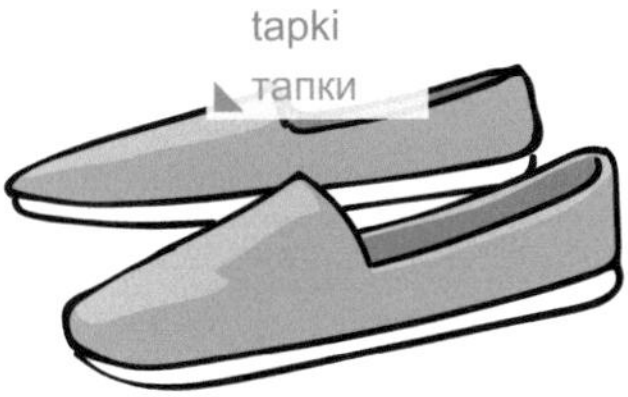

tapki
тапки

sandalii

сандаллар

botinki

ботинкалар

rezinovye sapogi

резин итекләр

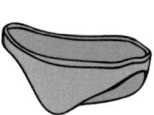

trusy

трусик

bûstgal'ter

бюстгальтер

majka

майка

odežda - кием

bodi
боди

brûki
чалбар

džynsy
джинсы

ûbka
итәк

bluzka
блузка

rubaška
күлмәк

sviter
свитер

sviter
свитер

sportivnaâ kurtka
спорт курткасы

žaket
жакет

pal'to
пәлтә

plaŝ
плащ

kostûm
костюм

plat'e
күлмәк

svadebnoe plat'e
туй күлмәге

odežda - кием

mužskoj kostûm

ирләр костюмы

nočnaâ soročka

төнге эчке күлмәк

pižama

пижама

sari

сари

platok

яулык

tûrban

чалма

parandža

пәрәнҗә

kaftan

кафтан

abajâ

абайя

kupal'nik

коену костюмы

plavki

плавки

šorty

шорт

sportivnyj kostûm

спорт костюмы

fartuk

алъяпкыч

perčatki

перчаткалар

pugovica

төймә

očki

күзлек

braslet

беләзек

серочка

чылбыр

kol'co

балдак

ser'ga

алка

šapka

бүрек

vešalka

элгеч

šlâpa

эшләпә

galstuk

галстук

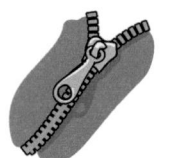

zastežka molniâ

молния каптырмасы

šlem

каска

podtâžki

подтяжка

škol'naâ forma

мәктәп формасы

forma

форма

odežda - кием

detskij nagrudnik

балалар күкрәкчәсе

soska

имезлек

podguznik

подгузник

# ofis
# офис

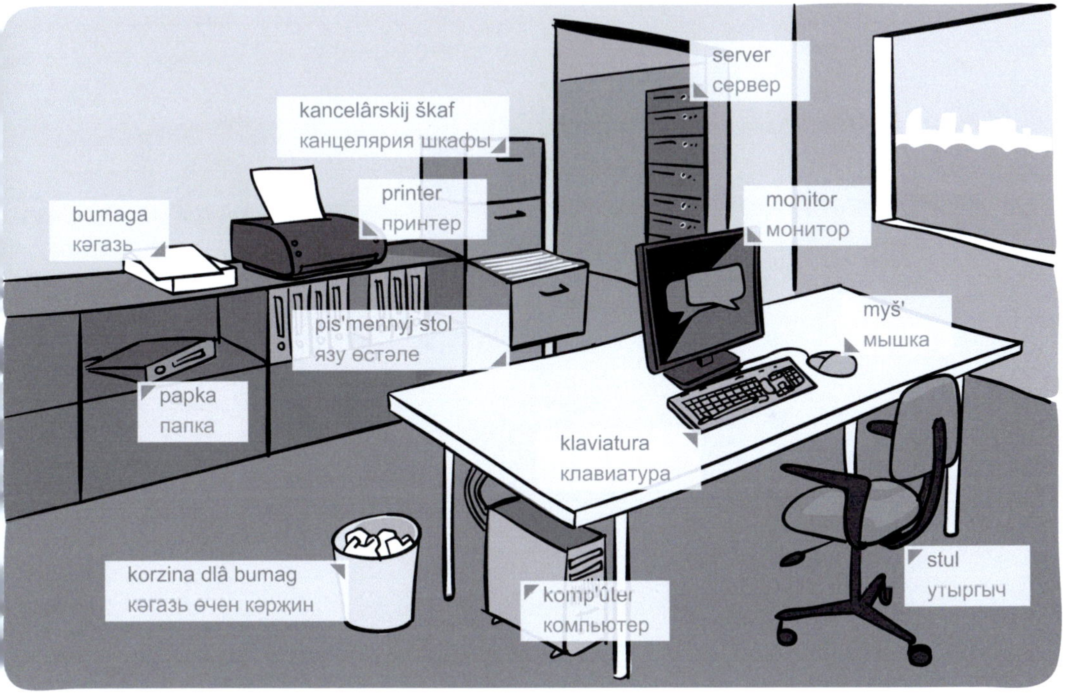

kancelârskij škaf — канцелярия шкафы

server — сервер

bumaga — кәгазь

printer — принтер

monitor — монитор

pis'mennyj stol — язу өстәле

myš' — мышка

papka — папка

klaviatura — клавиатура

korzina dlâ bumag — кәгазь өчен кәрҗин

komp'ûter — компьютер

stul — утыргыч

kofejnaâ kružka

кофе кружкасы

kal'kulâtor

калькулятор

internet

интернет

noutbuk

ноутбук

pis'mo

хат

soobšenie

хәбәр

mobil'nyj telefon

кесә телефоны

set'

челтәр

kseroks

ксерокс

programma

программа

telefon

телефон

rozetka

розетка

faks

факс

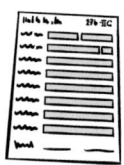

formulâr

формуляр

dokument

документ

ofis - офис

# èkonomika
## икътисад

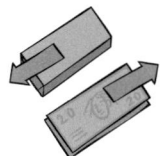
pokupat'
сатып алу

platit'
түләү

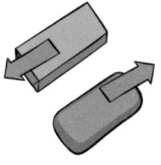
torgovat'
сәүдә

den'gi
акча

dollar
доллар

evro
евро

iena
иена

rubl'
сум

frank
франк

žèn'min'bi ûan'
жэньминьби юань

rupiâ
рупия

bankomat
банкомат

punkt obmena valûty

валюта алмаштыру пункты

zoloto

алтын

serebro

көмеш

neft'

җир мае

ènergiâ

энергия

cena

бәя

dogovor

килешу

nalog

салым

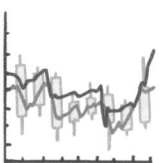

akcyâ

акция

rabotat'

эш

služaŝij

эшче

rabotodatel'

эш биручe

fabrika

фабрика

magazin

кибет

èkonomika - икътисад

# professii
# профессияләр

milicyoner
полицейский

požarnyj
янгын сүндерүче

povar
пешекче

vrač
табиб

pilot
очучы

sadovnik

бакчачы

stolâr

агач остасы

šveâ

тегүче

sud'â

хаким

himik

химик

aktër

актер

| voditel' avtobusa | taksist | rybak |
|---|---|---|
| автобус йөртүче | таксист | балыкчы |

| uborŝica | krovel'ŝik | oficyant |
|---|---|---|
| җыештыручы хатын | түбә ябучы | официант |

| ohotnik | hudožnik | pekar' |
|---|---|---|
| аучы | рәссам | пешекче |

| èlektrik | stroitel' | inžener |
|---|---|---|
| электрик | төзүче | инженер |

| mâsnik | santehnik | počtal'on |
|---|---|---|
| итче | сантехник | хат ташучы |

soldat

солдат

arhitektor

архитектор

kassir

кассир

florist

чәчәкче

parikmaher

парикмахер

konduktor

кондуктор

mehanik

механик

kapitan

капитан

zubnoj vrač

теш табибы

učenyj

галим

ravvin

раввин

imam

имам

monah

монах

svâŝennik

рухани

professii - профессияләр

# instrumenty
## кораллар

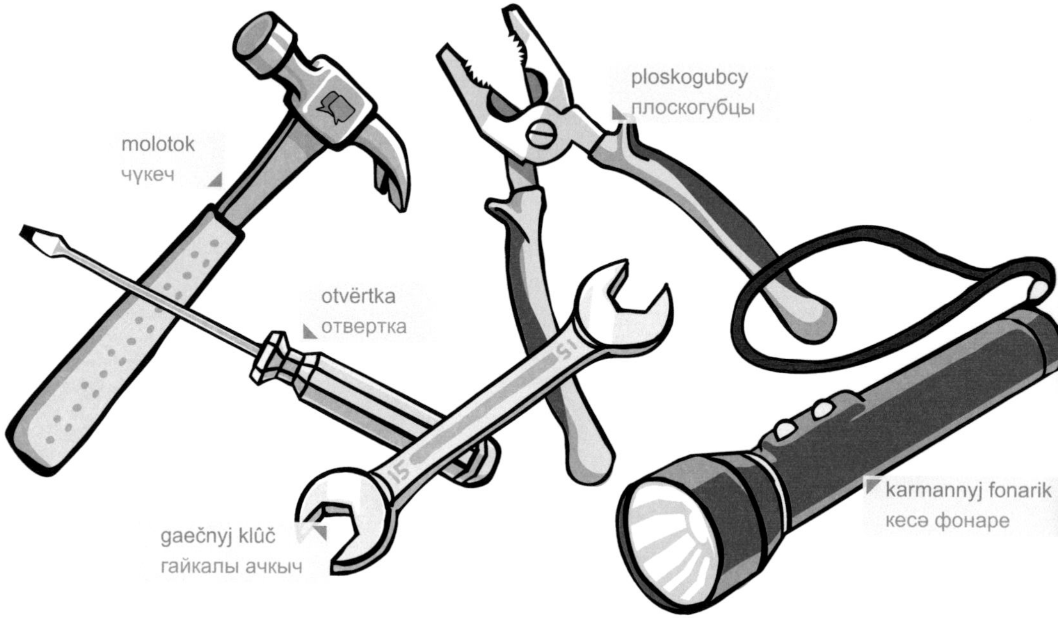

molotok
чүкеч

ploskogubcy
плоскогубцы

otvërtka
отвертка

karmannyj fonarik
кесә фонаре

gaečnyj klûč
гайкалы ачкыч

èkskavator

экскаватор

âŝik dlâ instrumentov

инструментлар өчен тартма

stremânka

баскыч

pila

пычкы

gvozdi

кадаклар

drel'

дрель

remontirovat'

төзәту

lopata

көрәк

Blin!

Шайтан алгыры!

sovok

соскы

vedro s kraskoj

савытлы буяу

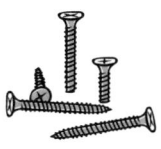

vinty

винтлар

## muzykal'nye instrumenty
## музыкаль инструментлар

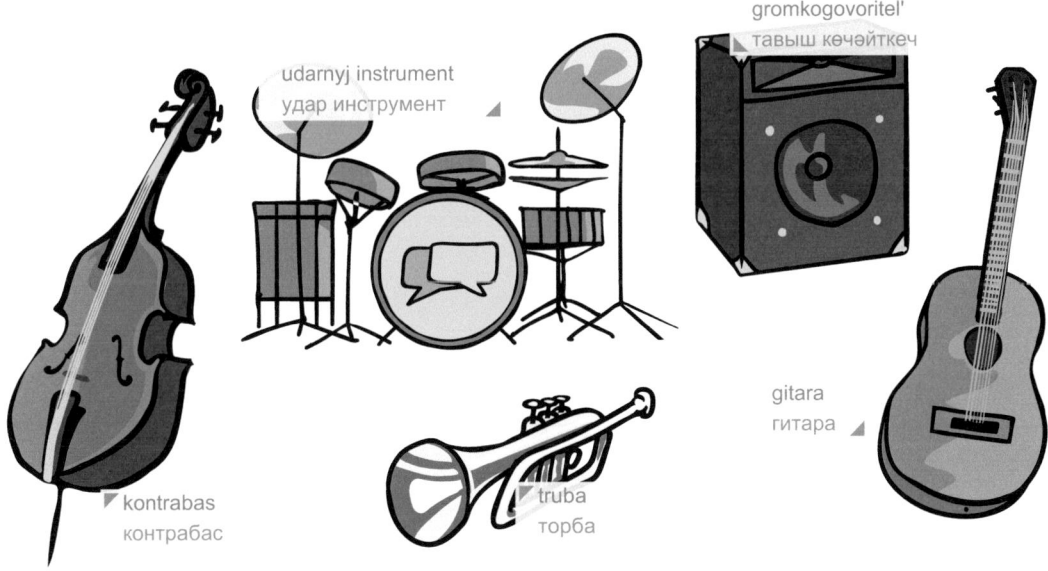

kontrabas — контрабас

udarnyj instrument — удар инструмент

gromkogovoritel' — тавыш көчәйткеч

gitara — гитара

truba — торба

pianino

пианино

skripka

скрипка

bas-gitara

бас-гитара

litavry

литавра

baraban

барабан

sintezator

синтезатор

saksofon

саксофон

flejta

флейта

mikrofon

микрофон

# zoopark
# зоопарк

- tigr / юлбарыс
- vhod / керү
- kletka / күзәнәк
- zebra / зебра
- korm / азык
- panda / панда

žyvotnye

хайваннар

slon

фил

kenguru

кәнгерә

nosorog

мөгезборын

gorilla

горилла

medveď

аю

verblûd

дөя

straus

тәвә кошы

lev

арыслан

obez'âna

маймыл

flamingo

фламинго

popugaj

тутый кош

belyj medved'

ак аю

pingvin

пингвин

akula

акула

pavlin

тавис

zmeâ

елан

krokodil

крокодил

služytel' zooparka

зоопарк хезмәткәре

tûlen'

тюлень

âguar

ягуар

poni — пони
leopard — каплан
begemot — су үгезе

žyraf — жираф
orël — бөркет
kaban — кабан дуңгызы

ryba — балык
čerepaha — ташбака
morž — морж

liɛa — төлке
gazel' — газәл

# sport
## спорт төрләре

imet'
үзеңдә булдыру

delat'
эшләү

byt'
булу

stoât'
басып тору

bežat'
йөгерү

tânut'
тарту

brosat'
ташлау

padat'
егылу

ležat'
яту

ždat'
көтү

nosit'
йөртү

sidet'
утыру

nadevat'
кию

spat'
йоклау

prosypat'sâ
уяну

rassmatrivat'
карау

plakat'
елау

gladit'
үтекләү

pričesyvat'
тарау

govorit'
әйтү

ponimat'
аңлау

sprašyvat'
сорау

slušat'
тыңлау

pit'
эчү

kušat'
ашау

navodit' porâdok
тәртипкә китерү

lûbit'
сөю

gotovit'
әзерләү

ehat'
машинада бару

letat'
очу

dejstviâ - хәрәкәт

hodit' pod parusom

Җилкәндә йөрү

sčitat'

исәпләү

čitat'

уку

učit'sâ

уку

rabotat'

эш

vstupat' v brak

никахлашу

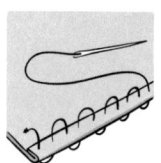

šyt'

тегү

čistit' zuby

тешләрне чистарту

ubivat'

үтерү

kurit'

тәмәке тарту

otpravlât'

җибәрү

dejstviâ - хәрәкәт

# sem'â
# гаилә

babuška / әби
deduška / бабай
papa / әти
mama / әни
mladenec / сабый
doč' / кыз
syn / ул

gost'
кунак

tetâ
түти

dâdâ
абый

brat
кардәш

sestra
апа

# telo
## тән

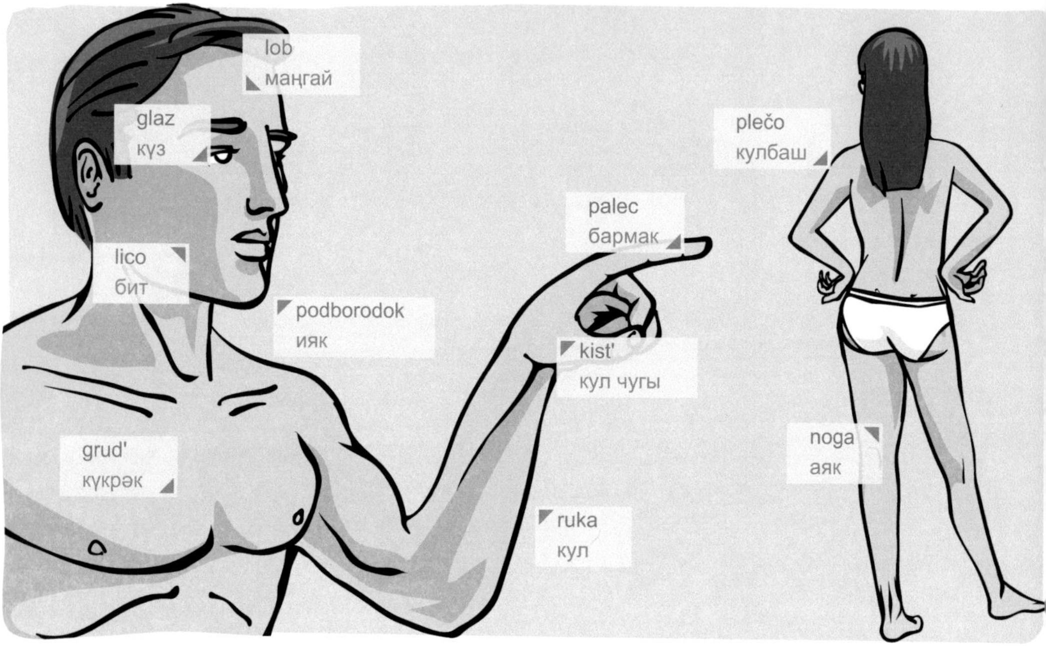

lob
маңгай

glaz
күз

plečo
кулбаш

palec
бармак

lico
бит

podborodok
ияк

kist'
кул чугы

grud'
күкрәк

noga
аяк

ruka
кул

mladenec
сабый

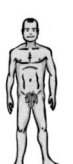

mužčina
ир

ženŝina
хатын

devočka
кыз

mal'čik
малай

golova
баш

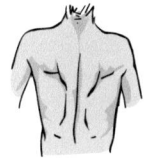

spina

арка

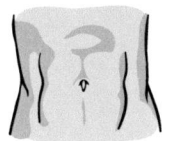

žyvot

эч

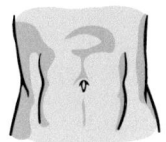

pupok

кендек

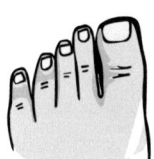

palec nogi

аяк бармагы

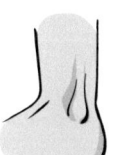

pâtka

үкчә

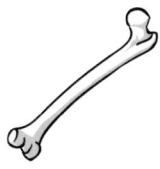

kost'

сөяк

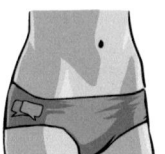

bedro

бот

koleno

тез

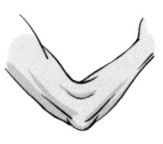

lokot'

терсәк

nos

борын

ȧgodİcy

арт сан

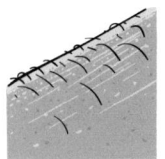

koža

тире

ŝeka

яңак

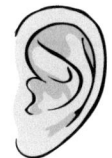

uho

колак

guba

ирен

telo - тән

rot

авыз

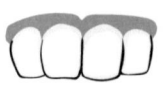

zub

теш

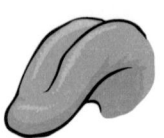

âzyk

тел

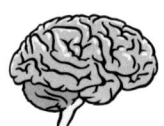

mozg

ми

serdce

йөрәк

myšca

мускул

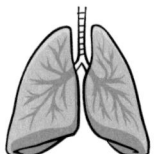

lëgkoe

үпкәләр

pečen'

бавыр

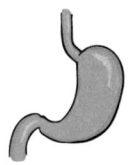

želudok

ашказан

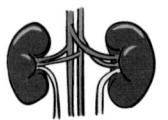

počki

бөерләр

polovoj akt

җенси акт

prezervativ

презерватив

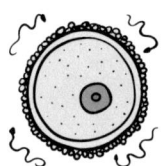

âjcekletka

күкәйлек

sperma

сперма

beremennost'

көмәнлек

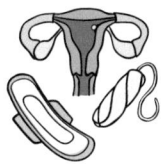
menstruacyâ
күрем

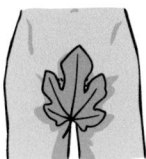
vagina
вагина

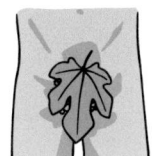
penis
пенис

brov'
каш

volosy
чәчләр

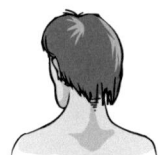
šeâ
муен

# bol'nica
## хастаханә

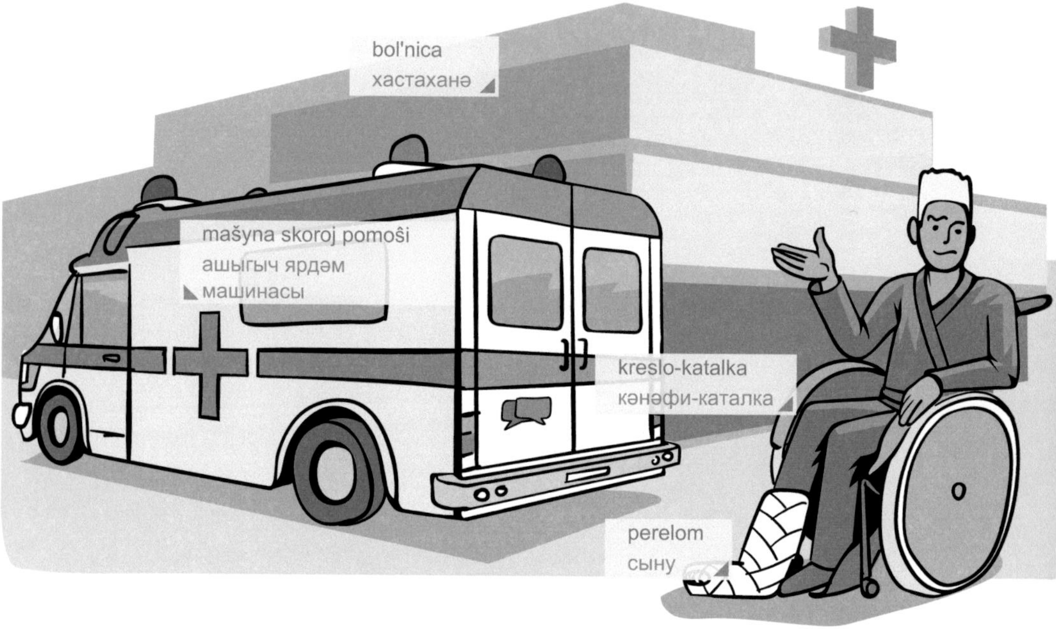

bol'nica
хастаханә

mašyna skoroj pomoši
ашыгыч ярдәм машинасы

kreslo-katalka
кәнәфи-каталка

perelom
сыну

vrač
табиб

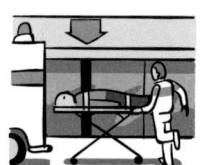

punkt pervoj pomoši
беренче ярдәм пункты

medsestra
шәфкать туташы

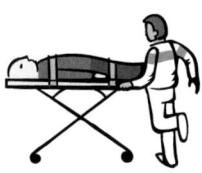

neotložnyj slučaj
кичектергесез хәл

bez soznaniâ
аңсыз

bol'
авырту

povreždenie

зыян килү

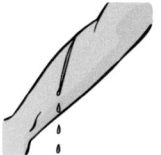

krovotečenie

кан агу

infarkt

инфаркт

insul't

инсульт

allergiâ

аллергия

kašel'

ютәл

povyšennaâ temperatura

югары температура

gripp

грипп

ponos

эч киту

golovnaâ bol'

баш авырту

rak

кысла

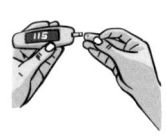

diabet

диабет

hirurg

хирург

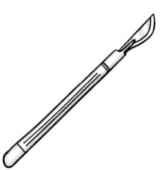

skal'pel'

скальпель

operacyâ

операция

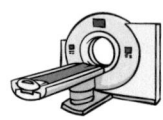
KT
КТ

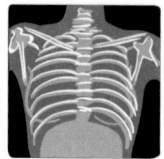
rentgen
рентген

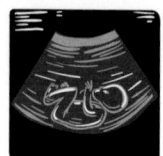
ul'trazvuk
ультратавыш

maska
битлек

bolezn'
авыру

priëmnaâ
кабул итү бүлмәсе

kostyl'
култык таягы

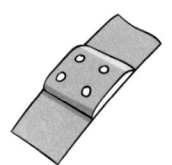
plastyr'
пластырь

bint
бинт

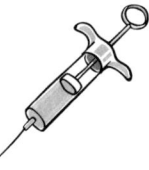
ukol
укол кадау

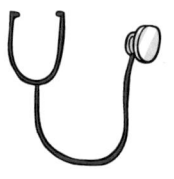
stetoskop
стетоскоп

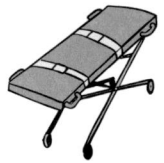
nosilki
носилки

termometr
термометр

roždenie
туу

izbytočnyj ves
артык авырлык

bol'nica - хастаханә

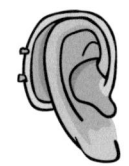

sluhovoj apparat

колак аппараты

dezinfekcyonnoe sredstvo

йогышсызландыру чарасы

infekcyâ

инфекция

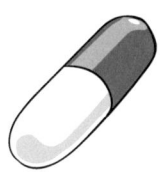

virus

вирус

VIČ / SPID

ВИЧ / СПИД

lekarstvo

дару

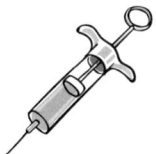
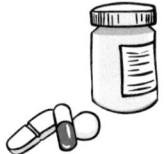

privivka

прививка

tabletki

таблеткалар

protivozačatočnaâ tabletka

балага узмас өчен таблетка

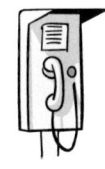

èkstrennyj vyzov

ашыгыч чакыру

pribor dlâ izmereniâ krovânogo davleniâ

кан басымын үлчәү өчен прибор

bol'noj / zdorovyj

авыру / сәламәт

bol'nica - хастаханә

# neotložnyj slučaj
## кичектергесез хәл

Pomogite!
Ярдәм итегез!

signal trevogi
тревога сигналы

napadenie
һөҗүм иту

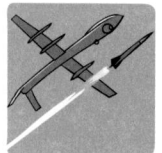
ataka
һөҗүм

opasnost'
куркыныч

zapasnoj vyhod
запас чыгу урыны

Požar!
Янгын!

ognetušytel'
ут сүндергеч

nesčastnyj slučaj
каза

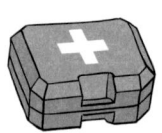
aptečka
даруханә

SOS
SOS

milicyâ
полиция

# zemlâ
# җир

Evropa
Европа

Severnaâ Amerika
Төньяк Америка

Ûžnaâ Amerika
Көньяк Америка

Afrika
Африка

Aziâ
Азия

Avstraliâ
Австралия

Atlantičeskij okean
Атлантик океан

Tihij okean
Тын океан

Indijskij okean
Һинд океаны

Antarktičeskij okean
Антарктик океан

Severnyj Ledovityj okean
Төньяк Боз океаны

Severnyj polûs
Төньяк полюс

Ûžnyj polûs

Көньяк полюс

Antarktika

Антарктика

zemlâ

җир

suša

коры җир

more

диңгез

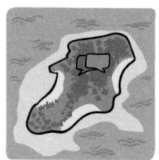

ostrov

утрау

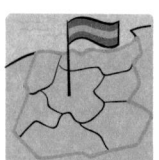

nacyâ

милләт

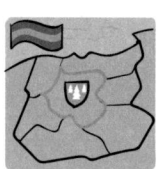

gosudarstvo

дәүләт

# časy
# сәгать

cyferblat

сәгать циферблаты

časovaâ strelka

сәгать угы

minutnaâ strelka

минут угы

sekundnaâ strelka

секунд угы

Kotoryj čas?

Әле сәгать ничә?

den'

көн

vremâ

вакыт

sejčas

хәзер

èlektronnye časy

электрон сәгать

minuta

минут

čas

сәгать

# nedelâ
## атна

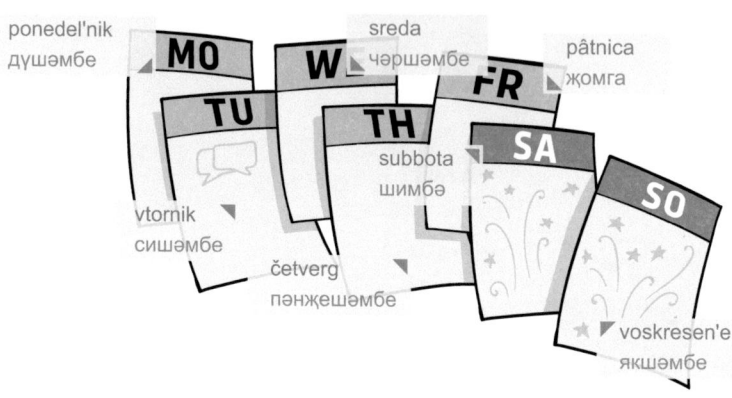

ponedel'nik
дүшәмбе

sreda
чәршәмбе

pâtnica
җомга

subbota
шимбә

vtornik
сишәмбе

četverg
пәнҗешәмбе

voskresen'e
якшәмбе

včera

кичә

segodnâ

бүген

zavtra

иртәгә

utro

иртә

polden'

төш

večer

кич

rabočie dni

эш көннәре

vyhodnye

ял көннәре

# god
# ел

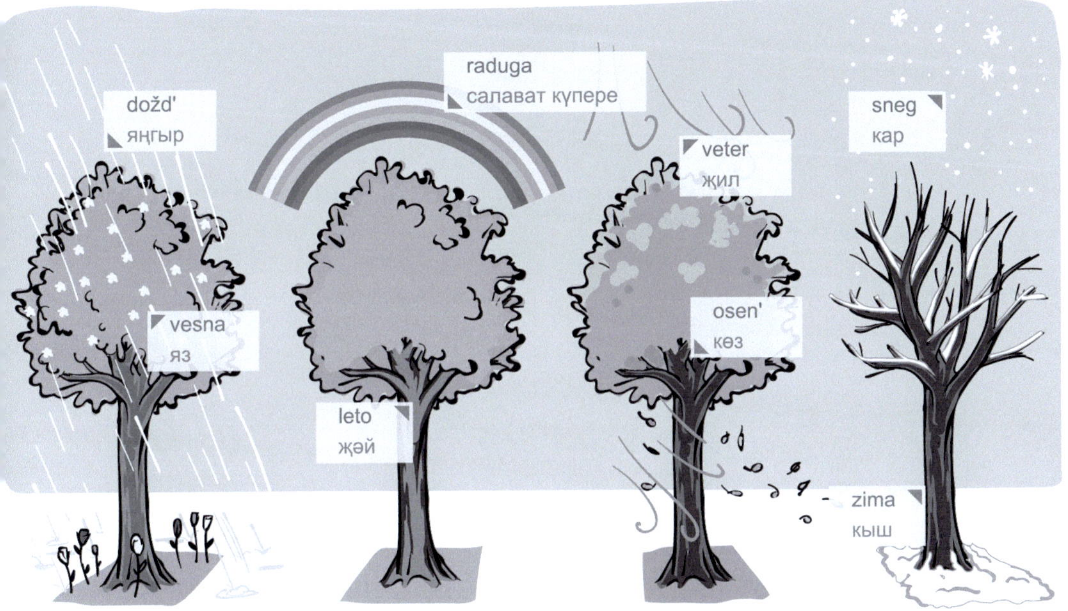

dožd' / яңгыр
raduga / салават күпере
vesna / яз
leto / җәй
veter / җил
osen' / көз
sneg / кар
zima / кыш

prognoz pogody

һава торышы

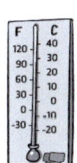

termometr

термометр

solnečnyj svet

кояш яктысы

tuča

болыт

tuman

томан

vlažnost' vozduha

дымлылык

molniâ

яшен

grom

күк күкрәү

burâ

давыл

grad

боз

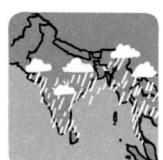

musson

муссон

navodnenie

су басу

lëd

боз

ânvar'

гыйнвар

fevral'

февраль

mart

март

aprel'

апрель

maj

май

iûn'

июнь

iûl'

июль

avgust

август

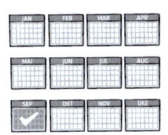

sentâbr'

сентябрь

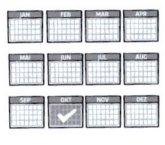

oktâbr'

октябрь

noâbr'

ноябрь

dekabr'

декабрь

## formy
## формалар

krug

боҗра

kvadrat

квадрат

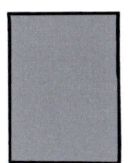

prâmougol'nik

турыпочмак

treugol'nik

өчпочмак

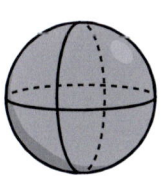

šar

шар

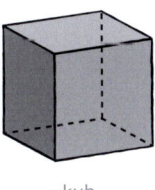

kub

куб

# cveta
# төсләр

belyj

ак

želtyj

сары

oranževyj

кызгылт сары

rozovyj

ал

krasnyj

кызыл

lilovyj

шәмәхә

sinij

зәңгәр

zelënyj

яшел

koričnevyj

көрән

seryj

соры

černyj

кара

## protivopoložnosti
## капма-каршылыклар

mnogo / malo

күп / аз

ârostnyj / mirnyj

усал / тыныч

krasivyj / urodlivyj

матур / ямьсез

načalo / konec

башы / ахыры

bol'šoj / malen'kij

зур / кечкенә

svetlyj / temnyj

якты / караңгы

brat / sestra

абый / эне

čistyj / grâznyj

чиста / пычрак

polnyj / nepolnyj

тулы / тулы түгел

den' / noč'

көн / төн

mërtvyj / živoj

үле / тере

šyrokij / uzkij

киң / тар

s"edobnyj / nes"edobnyj

ашарга яраклы / ашарга яраксыз

zloj / druželûbnyj

явыз / яхшы

vzvolnovannyj / skučaûŝij

дулкынланган / сагынган

tolstyj / hudoj

юан / ябык

snačala / v konce

башта / азакта

drug / vrag

дус / дошман

polnyj / pustoj

тулы / буш

tvërdyj / mâgkij

каты / йомшак

tâžëlyj / legkij

авыр / җиңел

golod / žažda

ачлык / сусау

bol'noj / zdorovyj

авыру / сәламәт

nezakonnyj / zakonnyj

хокуксыз / хокуклы

umnyj / glupyj

акыллы / акылсыз

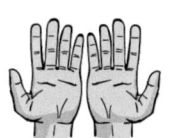

sleva / sprava

сулдан / уңнан

blizko / daleko

якын / ерак

novyj / poderžannyj

яңа / тотылган

ničto / nečto

бер нәрсә дә / нәрсәдер

staryj / molodoj

өлкән / яшь

vklûčeno / vyklûčeno

тоташтырылган / сүндерелгән

otkryto / zakryto

ачык / ябык

tiho / gromko

әкрен / кычкырып

bogatyj / bednyj

бай / ярлы

pravil'nyj / nepravil'nyj

дөрес / дөрес түгел

šerohovatyj / gladkij

кытыршы / шома

pečal'nyj / sčastlivyj

моңсу / бәхетле

korotkij / dlinnyj

кыска / озын

medlennyj / bystryj

җай / тиз

mokryj / suhoj

дымлы / коры

tëplyj / prohladnyj

җылы / салкын

vojna / mir

сугыш / тынычлык

protivopoložnosti - капма-каршылыклар

# cyfry
## саннар

**0** nol' / ноль

**1** odin / бер

**2** dva / ике

**3** tri / өч

**4** četyre / дүрт

**5** pât' / биш

**6** šest' / алты

**7** sem' / җиде

**8** vosem' / сигез

**9** devât' / тугыз

**10** desât' / ун

**11** odinnadcat' / унбер

## 12
dvenadcat'

унике

## 13
trinadcat'

унеч

## 14
četyrnadcat'

ундүрт

## 15
pâtnadcat'

унбиш

## 16
šestnadcat'

уналты

## 17
semnadcat'

унҗиде

## 18
vosemnadcat'

унсигез

## 19
devâtnadcat'

унтугыз

## 20
dvadcat'

егерме

## 100
sto

йөз

## 1.000
tysâča

мең

## 1.000.000
million

миллион

cyfry - саннар

# âzyki
## телләр

anglijskij

инглизчә

amerikanskij anglijskij

американча инглиз

mandarinskij kitajskij

мандаринча Кытай

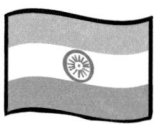

hindi

һинди

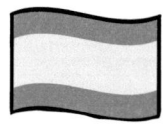

ispanskij

испан

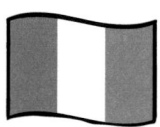

francuzskij

француз

arabskij

гарәп

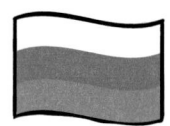

russkij

рус

portugal'skij

португал

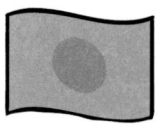

bengal'skij

бенгал

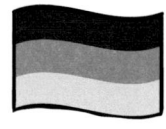

nemeckij

алман

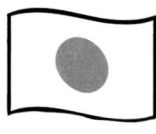

âponskij

япон

# kto / čto / kak
## кем / нәрсә / ничек

â
мин

ty
син

on / ona / ono
ул / ул / ул

my
без

vy
сез

oni
алар

kto?
кем?

čto?
нәрсә?

kak?
ничек?

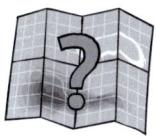
gde?
кайда?

kogda?
кайчан?

imâ
исем

# gde
## кайда

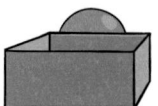

za

артта

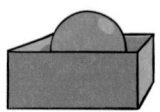

v

эчендә

pered

алда

nad

өстендә

na

өстенә

pod

астында

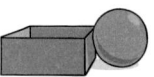

râdom

янәшә

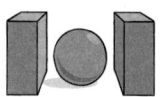

meždu

арасында

mesto

урын